DICTADOS DE NATURALEZA

Francisco Peña

Dictados de naturaleza
Apuntes senequistas

Prólogo de
Juan Carlos Mestre

ediciones carena

© Juan Francisco Peña Martín, 2024

© *Edita*
Ediciones CARENA, Barcelona

© *Del prólogo:*
Juan Carlos Mestre

© *Del diseño, maquetación y preimpresión:*
Vicente Alberto Serrano
Cubierta:
Estilo**gráfico**, *a partir de pinturas romanas de la Casa de Livia (Siglo I a. C.)*

ISBN: 978-84-19890-66-5
Dep. Leg.: B 7501-2024
Impreso en España – Printed in Spain

PRÓLOGO

JUAN CARLOS MESTRE

La radical delicadeza de la poesía es, siempre, frente al destino de la fragilidad humana, un acto de redención emocional de cada ser enfrentado a los enigmas de la duración. Y así, aquí, en *Dictados de naturaleza*, en el paradójico subsuelo de lo aéreo, es la voz del poeta la que excava en la profundidad de lo imaginario hasta constituirse en voz del solitario pájaro, hoja de la única verdad en la rama más alta del árbol del conocimiento. Palabras ante la pérdida, *conversación* (que) *se disipa en el viento*, el amigo, el tiempo, la casa, que convocan la presencia moral de lo otro, lo viviente en la conciencia de aquello de lo que solo ya podemos tener conocimiento a través de la poesía, el acto irreductible de cuanto fue lo vivido y participa ahora de la materia sagrada que conjura al olvido: la memoria.

Francisco Peña es el demiurgo que organiza la realidad del recuerdo como un universo íntimo, un hacedor que entre el mundo de las ideas y lo real establece un vínculo dialéctico que nos permite acceder a las zonas vedada para la razón pragmática, lo solo comunicante desde la intuición crítica y el asedio emocional a los ámbitos de lo mistérico. Esa es su conversación con los testigos del recuerdo en el territorio de las ensoñaciones, esa su mirada sobre lo ya invisible pero nítido, *sin inquietud, sin ansia, sin desvelo*, en el corazón del silencio *donde los huesos de los muertos cantan su canción infinita*.

Acaso la poesía no sea otra cosa que la producción de hipótesis verbales para comprender el mundo, el callado sonido de una voz sin boca que enfrentada a los hábitos de la muerte nos ayuda a descifrar el enigma de la existencia. De tales substancias de la rememoración está construida la activa soledad de estos poemas, árboles alzados sobre la imaginación de la tierra, sombras del espectador, actor y testigo, ante la *fachada de un teatro vacío*, patria del otoño y cuerpo irradiante de símbolos ante la libertad y la tragedia y el sacrificio y la culpa; mitos fundacionales del arquetipo humano, huellas que no pruebas para seguir ampliando los horizontes significativos del porvenir y otorgar nuevos sentidos al desafío laico de la esperanza civil.

Hay materia de epifanía y augural firmamento en las ondulaciones de este canto de Francisco Peña ante la contemplación del mundo, hay eco de otra lejanía que se hace presencia súbita de una enunciación relacionada con la salud del bien en la modelación escritural de la hermosura, arcilla primigenia de una voluntad *dueña del azar y del tiempo*; hay, en suma, ese modo de ser de cuanto ya no existe más que en el poema, en el imaginario absoluto del sistema estético de la palabra poética, la ontología vinculante entre *la peonza de un niño* y las giratorias galaxias en los espacios de la infinitud. Todo es analogía bajo los *decorados del cielo que se anhela*, todo afinidad y semejanza entre la nostalgia de futuro y la memoria reconstructiva de los semas del recuerdo, las heridas de la historia, los sueños pendientes de ser soñados: *las lilas en la cuneta anunciando el acero de aquel crimen*.

Dignidad y conciencia, conocimiento del mundo a través de la herramienta ética de las palabras, esa identidad de los indiscernibles que se hace presente en cada texto de los hacedores de verdad, en los poemas que protegen, que oponen resistencia a las formulaciones del mal, que impiden que se acerque hasta nosotros, cómplices en la escucha, unísonos caminantes en la identidad del fuego: *el sol de Copérnico, de Galileo, de Servet... de tantos miles que encumbraron al hombre al nivel de lo humano.* Es la infancia de las ideas del mundo, y es la presentida vejez de lo apocalíptico en el espejo sin reflejo del firmamento cuanto aquí eterniza su círculo de vocales en la patria del alma, un lenguaje en las cenizas más allá de la muerte.

Nada hay de desconocido en lo indescifrable, sí clave y sonido de lo inmutable, sí número y naturaleza de cuanto interpreta la difícil cualidad de los desafíos de la inteligencia; este libro tiene su signo vivible y también sus guarismo secreto, su monograma solar y su letra nocturna en el abecedario de las raíces; posee la luz en su posibilidad de amor y acoge la calle oscura por la que vagan los bienaventurados huéspedes que caminan de espaldas al futuro para no dejar de contemplar la historia, el amanecer de la imaginación que echa raíces en la amistad del mundo.

Aquí, en estas páginas, desafío de un lugar sin miedo, en esta libertad sin límites ni cauce, en este desbordante firmamento donde los fugaces astros rozan la intemperie con el recado de otros mundos, en este aire que respira el inaccesible cuerpo de lo ya vivido, la palabra insumisa ante el gran silencio de lo que aún carece de nombre, reside la voz del poeta Francisco Peña, los conmovedores ecos de su nostalgia sosteniendo la utopía, la única confidencia ya imprescindible de la imaginación humana:

11

la necesidad inmortal del vuelo, el pájaro solitario que *andando a tientas por las nubes sin dios*, contribuye, como la flor del mundo, con irrenunciable pasión, a que extinga el precipicio de odio del infierno.

La voz sagrada de la tierra ingenua, hubiera llamado Mallarmé a los grillos que cantan en la pradera verbal de este hermosísimo libro, que es celebración de los pulsos sensitivos de la naturaleza y también crónica del exilio espiritual del hombre en la afortunada sonoridad de los territorios del lenguaje, treno y oración ante la eternidad de la pérdidas, pero voz al fin de la belleza, la *luz de la fiebre*, la siempre legítima venganza de la primavera sobre las extintas nieves de lo pretérito.

Son ciertamente las raíces, las manos subterráneas del árbol de la honradez de la poesía rozando el azogue espejeante de la vida, la escritura como proyecto espiritual de una vida, es la empatía con el sufriente, la voz moral, el poeta, es Francisco Peña el que nos habla, el que nos dice: *¡he vivido!*, y reabre la apasionante posibilidad de cuanto jamás logrará ya clausurar el tiempo.

J. C. M.

DICTADOS DE NATURALEZA

PRELUDIO

Estos *Dictados de naturaleza* son el resultado de mi reflexión detenida y sincera frente a las cartas que Séneca escribió a su amigo Silverio para abordar cuestiones tan destacadas como el paso del tiempo, la felicidad, los otros... Séneca insiste en que no vivimos aislados, en que somos producto de un entorno social y humano que nos condiciona y nos lleva de la alegría al sufrimiento, a veces, sin darnos cuenta y sin solución de continuidad. Vivir no es más que mirar hacia fuera desde dentro. El primer título de este poemario era "La intimidad de la raíz", o sea el punto de partida interior desde el que sentimos, pero Séneca me dictó el otro, la mirada hacia fuera, porque para él es más importante el final que el principio. Vivimos en nosotros mismos, en nuestra propia raíz pero si no somos capaces de entender a los demás, nuestra vida nunca alcanzará el tronco ni las hojas del árbol de la vida.

Mirando al ciprés

Ayer murió un amigo.
Se me quedó el tiempo adelgazado
y el rosal se secó a pesar de la lluvia intermitente.
Paseábamos juntos por la tarde
agarrados a un recuerdo de infancia.
Las amapolas del verano sonreían al vernos.
Mi conversación se disipa en el silencio,
y muere entre los cipreses del camino inesperado...
¡siempre inesperado!,
aunque el cielo lo anuncie
y las campanas repiquen
formando un juego extraño de eternas violencias.
He perdido el testigo de mi vida,
me falta la vivencia del delito de niño,
el juego entre los setos
el escondite, las tabas, los cartones...
el arrullo de un mundo primitivo y eterno.
Ahora, miro a la noche
y un astro inunda con su brillo el desaliento.

Contábamos monedas para sisar en la compra del pan.
Toda la ilusión se concentra en un pirulí
que chupamos ansiosos de vida...
de vida...
Mi almohada es una barra de acero sin sueños.

El tiempo

Cómo se esfuerza el tiempo en ser inútil,
cómo nos aborda y pasa sin que apenas suspiremos,
cómo tiembla cada minuto sobre nuestras cabezas sin sentirlo,
cómo llega el final de todo anhelo con la obra acabada.
¡Que no termine nunca el hilo de la rueca!
¡Que no deje nunca de sonar el eje de la vida!
¡Que no se seque nunca el pincel en la paleta!
Siempre es mejor pintar que haber pintado.
El mar eterniza su marea,
la tórtola su nido
la amapola su rojo.
Cuando llegue la espuma del destino
y la cuerda apenas sujete la tensión de la vida,
el cincel será tu tumba eterna,
la rueca tejerá tu epitafio
con la naturalidad de haber sembrado el rojo de las amapolas.

HE VIVIDO

Deploro el edificio ruinoso de mi casa.
El cuerpo ya casi sin destino,
al filo de la media luz,
pierde su brío y su armonía.
El tilo cae sobre mí con su rama seca.
El laurel me ofrece sus hojas amarillas.
La ceniza blanca, ya sin humo,
apenas esconde una brasa invisible.
Busco a los amigos y solo me responden las estrellas.
El espejo me mira sonriendo,
tan lleno de arrugas
que asemeja los surcos de la tierra.
Sin embargo,
me abrazo a él, me devuelve la sonrisa
de quien deja a un lado las pasiones,
agotadas y exhaustas.
El azogue me regala un nuevo día,
un peldaño más
para seguir creando,
para seguir abriendo puertas y ventanas,
para entonar todavía el canto de lo venidero.

Suena la escala del tiempo y los arpegios
desde una nueva mañana...
sin inquietud,
sin ansia,
sin desvelo...
Todo el que dice "he vivido" al levantarse
recibe cada día una ganancia.
¡Esta casa, este cuerpo... este silencio!
¡Ya es nuevo día!
¡He vivido!

LOS OTROS

I

Mírate, Silverio, sentado en el sofá de tu silencio
para encerrar el tiempo.
Cuando miras por la ventana
tu mirada se tiñe de infinito...
y te piensas feliz.
No podrás nunca ser feliz, Silverio, si no te piensas feliz.
Sales por la noche de paseo.
El aire frío y claro de las estrellas
dibuja tu sonrisa de inmensidad...
Y otra vez, Silverio, te piensas feliz.
Tan feliz que...
te sientes
capaz de dominar al mundo y sus espadas,
capaz de respirar en todos los desiertos
capaz de navegar por todas las aventuras,
capaz de terminar con todas las batallas...
y creerás, Silverio,
bajo la cúpula del cielo estrellado,
sobre la hierba del inmenso prado,
con la arena resbalando entre los dedos...
que eres feliz.

II

Pero...
¿Y si todo es invisible, Silverio?
¿Si solo la fugacidad domina el cincel de tu mirada
y la historia se convierte en escenas de comedia
envuelta en círculos de mitos infinitos?
¿Puedes leer el nombre de las estaciones cuando viajas en metro?
En el cine, toda la velocidad se transforma en rayas.
Y cuando una escena acaba,
se funde en negro.
Durante unos segundos no existe nada... ni nadie
Es en ese momento cuando atrapas la niñez
como un salvavidas de caricias
y escondes en el primer beso el punto de ilusión eterna.
¿Lo recuerdas, Silverio?
¡Y te crees feliz!
¡Te piensas feliz!
Pero el día nunca será tuyo...
Tras las rayas de la luz de una estación de metro
te envuelve el túnel.
Solo se oye el traqueteo somnoliento del vagón.
Encierras la intimidad en la raíz de tu propio silencio
y las puertas cercenan los caminos...
porque todo está en ti, Silverio.
Nadie te ve, nadie te oye, nadie...
¡Y te piensas feliz
sumergido en la sublime soledad!

III

Pero...
aunque escribas las mejores leyendas
acabarán borradas por los senderos en las olas, Silverio.
Aunque suspires muy hondo,
tan hondo que parezca que no queda más aire que tu aliento,
el eco de los gritos destrozará tu voz
como apaga el rugido del tren tus propias señales.
Mira, Silverio...
lentamente se abren los secretos
y el tren se acerca a la estación...
cada vez más despacio.
En la ventana alguien te mira...
¡alguien, Silverio, desciende del vagón con una maleta!
Sus ojos naranja reverberan y aúllan.
¿Te piensas feliz? ¡Piénsalo! ¡Otra vez, Silverio!
Un temblor de sudario y delito
espanta las golondrinas de sus nidos.
La arena de la playa se convierte en lodo.
El sapo canta su melodía de arpegios nauseabundos.
El viento arrastra las hojas al arroyo.
Los perfiles se diluyen y matan
y los huesos de los muertos cantan su canción infinita
frente a las espadas y los alacranes.
El silbido del tren anuncia la partida hacia el abismo.

IV

¡Los ojos de alguien te siguen mirando, Silverio!
¿Quién es? -te preguntas anhelante.
Desnudan tu escueto egoísmo.
Tu soledad se rodea de gritos en la estación.
¡Esos ojos
esconden el marco de tu arcilla,
la manzana del remedio,
la fusión del mundo con tu vida!
Tu felicidad pensada parece diluirse en el andén.
En esos ojos existe la otredad,
la emoción del que sufre
y mira desolado esperando una mano,
¡la tuya, Silverio!
¡No existe el mundo sin el otro!
¡No existe el mar sin la gaviota!

V

Entonces
los ojos son ahora el círculo de la totalidad,
te abrazan,
te conmueven,
se sienten tuyos.
Lo tuyo se disuelve entre la lejía de unas nuevas miradas.
Y así, deambulando entre los otros,
caminas al lado de la eternidad.
¡Es toda tuya, Silverio, porque también es de los otros!
¡Te piensas feliz!
¡Te sientes feliz!
¡Eres feliz!
¡Abrázame y vive!

PATRIA

La patria está entre tus manos.
Cógela con dulzura
y, libre de angustia,
podrás vivir mecido por las espigas
y el rumor de las olas.
La patria eres tú,
con tu culpa y tu sueño,
con tu piedad y tu sombra.
Asúmela.
Si miras por la ventana añorando paisajes,
si buscas la novedad de lo ajeno,
si huyes hacia el viaje permanente,
y no cambias de alma,
te acosarán la pesadilla y el agobio
y tu cama seguirá temblando.
No importa el lugar donde nazca el arroyo,
ni la hierba que rumie la merina,
ni las cúpulas que taladran el cielo...
todo será un destierro de ceniza y de muerte,
ajeno a ti,

externo, aparente, extraño...
como la fachada de un teatro vacío.
La patria está entre tus dedos,
creada por tus ojos cada día,
sin rincones oscuros,
sin veneno ni odios.
La verdad se encuentra en todos tus otoños.
Y entonces tu patria será
todo el mundo visible.

La culpa

Vivir es ser culpable,
ya lo dijo Segismundo
asido a la cueva de lo imposible,
pero la culpa es el principio de la sabiduría,
la leve apertura de unos labios que beben el amor del mundo,
las yemas de unos dedos que rozan el frescor de la hierba,
la soledad de un puente...
El umbral de la salud
se encuentra en los ojos abiertos frente a la ignorancia.
Si sabes, serás culpable.
Si conoces, alcanzarás la revelación de la tragedia.
Pon las manos en la nuca,
mira los gusanos,
mira las hormigas arrastrando los granos de la vida,
mira el surco abierto por la reja...
y asume tu culpa.
Cuando el pecado cae sobre ti
y el castigo divino te condena
entonces, asume tu culpa,
presume tu pecado... y grítalo.

Haz a los demás tan cómplices que no puedan eximirse.
¡Y la libertad de tu culpa traerá la libertad de los demás!
En ese momento,
solo en ese momento,
atravesarás la frontera del más allá,
los almendros florecerán bajo tu luz,
las heridas cerrarán sin cicatrices,
y podrás pensar
como un ser humano dispuesto al sacrificio y la vida eterna,
como una paloma que vuela por encima
de la muerte.
Tu culpa será tu asesinato
Tu culpa será tu salvación.
El ave Fénix siempre esconde el germen de la culpa.

NATURALEZA

Un dios habita nuestra alma,
vigilante y custodio,
perfecta razón de nuestros actos.
¿No lo ves?
Debes...
querer la luz, cárdena o cobre o amarilla,
venerar las fuentes de los ríos,
elogiar la vid y disfrutar del vino,
beber la raíz y escuchar el aroma del aire,
empapar tu sonrisa con la espuma del mar,
tan tenue, tan ligera...
Con toda la lógica del mundo,
como una cuadrícula de perfección matemática,
eres y vives,
porque el sol y la fuente y el aire...
articulan las redes de tu anhelo,
ajustan las pisadas a tu mundo.
Podrás ser manantial de futuro,
podrás subir senderos de silencio,
podrás tocar estrellas sin orillas...

Te llevarán el viento, el fuego y el arroyo
más allá del dolor y la angustia.
¡Que no caiga sobre ti el cemento de la ignominia!
Y entonces, en su grata compañía,
serás un hombre intrépido en los peligros,
inaccesible a las pasiones desbordantes,
feliz en la adversidad,
tranquilo en la tormenta...

Serás el dios que habita nuestra alma.

EL RETIRO

¿Debo buscar el retiro,
evitar la multitud,
atenerme a mi conciencia?
Paso por no hacer nada.
A hurtadillas, pongo a cubierto mi soledad
con la cautela del muro que protege
de la sangre, los humos y los cascos,
pero no aconsejo la indolencia,
ni siquiera el silencio,
la contemplación,
la honda tristeza de unos versos eternos.
Quisiera modelar en mi cueva la palabra y el eco,
la verdad,
contra el diploma, la gala y el boato,
la campana y el foco.
Evito cuanto complace al vulgo
porque esa carrera conduce al precipicio.
La venda de la apariencia se construye de odio
y nos va rodeando, vuelta y vuelta,
sobre la carne de la mentira,
como un veneno dulce y cariñoso.

No es tuyo lo que hizo tuyo la fortuna.
Esto me digo.
Esto os digo,
desde mi retiro.

DESTINO

Ahora es el momento del destino,
¿o lo ha sido siempre?
¿Sabía don Álvaro el final de su existencia
convertido en grito de dolor
y diablo suicida?
Miras hacia el cielo con las manos abiertas
intentando tejer tu fortuna
y este marzo tan seco
te las va cercenando.
Junto al cauce del río
las piedras blancas y redondas
anticipan tu decisión.
Las pisas con firmeza y dices: «¡Ahora paso!»,
con el aparente dominio del oficio
y la fuerza de la voluntad más acerada,
y entonces, una piedra, sonriendo,
dueña del azar y del tiempo,
gira bajo tu pie como la peonza de un niño.
Encharca el agua tu vestido y tus sueños.
Y te quedas...

sentado, abatido, postrado,
bajo la triste mirada de un fresno
que sufre, como tú, su destino de quietud infinita.
Los decorados del cielo que se anhela
se desmoronan entre las risas de todas las piedras,
blancas, risueñas, redondas y traidoras.

EL SILENCIO

I

«¡No te metas en política!»,
decía mi padre.
El recuerdo brota exánime,
casi desde el silencio,
acompañando al cuerpo envuelto en barro,
vuelto en tierra,
con el temblor de un suspiro extinguido
junto al polen de un olmo veraniego.
«Estará en la cuneta,
en cualquier cuneta»
La penumbra del hueso se va deshaciendo
como la tristeza en la tarde,
como el olor de la rosa marchita.
«El hermano de tu abuela era maestro,
de esos que tocan el futuro de los niños
con la inocencia de la contemplación.
¡Estará en cualquier cuneta!
Pero ¡calla!,
borra su soledad de tu memoria
y esconde su misterio
para siempre insondable».

II

«¡Calla!
Crecerán las lilas en la cuneta
anunciando el acero de aquel crimen,
pero tú, ¡calla!
Salta junto al arroyo
y bebe de la fuente de la esperanza
¡Quién sabe lo que traerá la brisa del futuro!
Solo una cosa te pido:
¡No juegues con ese niño porque lleva en sus ojos
                                [la mirada del odio!
Los golpes en la puerta de la casa,
la aldaba retumbando por la era,
el terror bajo la sábana oculta...
están en la mirada de ese niño,
están en la traición de su familia,
están en la mano que esconde la muerte».
Ahora recuerdo las lágrimas de mi padre
y veo en sus palabras
el dolor de mi abuela
y el grito de mi abuelo tendido en el portal...
"Pero tú, ¡calla!,
porque el eco devora las azucenas
y las convierte en puñales acerados.
¡Calla! y
¡No te metas en política!»

OPINIÓN

La sorpresa del almendro
abre la flor del mundo a los demás.
Y tú sientes
el grave placer del misterio
en el abanico de la soledad.
No hay nadie,
nadie grita,
nadie te ofrece el placer de la risa
nadie inunda tus oídos con los elogios de la vanidad.
¡Quietud de brisa!
Pero...
abres los ojos
y las voces de los demás te acorralan de triunfos.
Las monedas,
el poder,
la venganza,
los ojos del que ordena,
la estatua de bronce en medio de la plaza...
se te ofrecen en bandeja de plata
recubierta con el brillo de la lisonja.

Creces,
crece la piedra a tus pies y te eleva,
sin que apenas lo notes,
al atril de la nube,
borracho de aplauso...
¡Se ha helado el almendro!

LA ESPERANZA

¿Has terminado de cortar la hierba?
Mira con cuidado entre las ramas
y busca, con ahínco, el trébol de cuatro hojas.
Se está haciendo de noche.
Los lobos cercan el redil
y quiebran el silencio con aullidos lejanos.
El pastor esconde su miseria
en el espacio curvo de la chimenea.
Fuera,
la nieve tiembla su latido
de soledad hambrienta.
¡No queda nada!
Hasta el queso mohoso se derrumba
y las migas de pan acodan la mano crespa
que sufre para contenerlas.
Sobre la mesa de dolor y de miedo
las hierbas adolecen,
con malicia y misterio,
de futuro y destino.
Con labios temblorosos
el pastor musita una oración

mientras busca, en silencio,
al ritmo de la noche,
la aventura, el delirio, el sendero, el aliento…
la vida…
y un vaso de buen vino.
Entre las matas brilla, con la luz de la fiebre,
el trébol de cuatro hojas.
¡Ya tienes la esperanza aprisionada y tuya!
¡Sueña con la otra vida!
¡En el zurrón se pudre el último mendrugo
envuelto entre los tallos del trébol,
con la verde penumbra de la esclavitud!
El pastor, sumido en su miseria,
espera, espera, espera… eternamente espera
aferrado al trébol de cuatro hojas…
¡Y así muere, teñido de esperanza inane!
¡Se ha helado el almendro!

Giordano Bruno

I

Mucho he luchado.
Me sentí vencedor en ocasiones y elevé mis manos hacia la victoria.
El destino me las fue cercenando.
¿Cercenando?
¿Acaso se puede cercenar la voluntad del aire?
No he tenido miedo a morir,
porque he hecho de la muerte el principio de mi inmortalidad,
porque no me he inclinado ante el hombre,
porque he preferido la muerte valerosa a la vida sumisa.
Cuando vinieron a por mí, los estaba esperando.
El fuego era mi destino,
como el sol de Copérnico, de Galileo, de Servet...
de tantos miles que encumbraron al hombre al nivel de lo humano.
He luchado, he escrito, he vivido...
He muerto
para liberar al alma humana y al conocimiento,
atrapados en la estrecha cárcel del aire corrompido,
donde apenas podían vislumbrar el brillo de estrellas lejanísimas,
donde sus alas estaban amputadas
para que no volasen a abrir las velas de las nubes.

II

¿Dónde está la verdad?
¿Acaso crees que se puede descubrir mirando al cielo,
en las palabras altisonantes del púlpito
o en las violentas acometidas de los sables?
No, no hace falta abrir desmesuradamente los ojos,
alzar las manos de la plegaria,
dirigir los pasos al templo
o aturdir las orejas con las imágenes,
infinitamente repetidas, del miedo.
Mira hacia adentro...
En cada hombre se contempla un mundo:
el universo;
cada hombre esconde el poder de Júpiter
para extender la luz del intelecto
desde sí mismo hacia la eternidad,
para quemar los abrojos del odio
para encender el vínculo edénico del amor.
El destino ha dotado a los hombres de intelecto y de manos.
Los dioses nos han hecho dioses de la tierra
Y podemos crear
porque tenemos la voluntad para ello
porque amasamos el talento de lo humano,
porque conquistamos la libertad del fuego prometeico...
Cuando tales facultades permanecen ociosas,
cuando un ojo no ve,
y una mano no agita la voz de la memoria...
entonces perderemos el pulso de la inmortalidad,
que va siempre
de la contemplación a la acción,
como un eje continuo de vínculos eternos.

Cada hombre se contempla a sí mismo en el mundo,
y contempla en sí mismo al mundo.
No me duele haber incurrido en fatigas,
dolores,
exilio:
pues fatigándome, me beneficié;
sufriendo, gané experiencia;
exiliado, aprendí.
Encontré en la breve fatiga, larga paz;
en ligero sufrimiento, júbilo inmenso;
en estrecho exilio, una patria grandísima.
La unidad del sol es la fuerza suprema
que celebrará algún día,
bajo el impulso del esfuerzo común,
la razón y la justicia del orbe.
No temo al fuego...
Aquí me tenéis...
Dispuesto para la inmortalidad.

EL MIEDO

Nos pilló la primavera
agarrados al miedo de la noche.
Andamos con el miedo respirando
otro miedo que presagia las calles
vacías y sin sueños de estrellas,
porque los ojos no miran a los ojos
y solo descubren adoquines de escarcha.
Los almendros florecen para ellos solos,
añorando la admiración del hombre silencioso.
Las amapolas se abren como abanicos sin aire.
Y los jilgueros anidan con el dolor inocente
de quien ve el despoblado de la luz.
Ya no hay sudor.
Ya no hay amor.
Y solo el engaño de las sombras
se ha adueñado de la esperanza.
Está la herida abierta,
caliente como el aire que le falta,
intentando agarrarse a la vida,
andando a tientas por las nubes sin dios.

Algunos aplausos, a las ocho, recuerdan las hogueras
que siguen encendidas,
aún enamoradas de soles y atalayas.
Se confunden los gritos de amor y de odio
en un estéril pozo de recuerdos y olvidos.
Tan poderoso, el miedo inunda la verdad.
Tan ardiente, el miedo quema la audacia.
Y estremece el ritmo de la vida y la muerte,
y confunde los límites y las fronteras.
No hay sudor.
No hay amor.
Porque hemos perdido la inocencia del grillo,
y su canto se repite machacón y constante
en cifras contundentes de culpas y ataúdes.
Miramos, oteamos, observamos...
para encontrar al miedo que, dueño de las calles,
sube por las paredes y desnuda los cuerpos,
¡y lo tenemos dentro!,
cegando la mirada,
sujetando los dedos y las manos
paralizando el aire...
mientras las amapolas se abren al vuelo infinito de la vida.

LA GITANILLA

Heme aquí, perdida entre las leyes,
sola, entre gritos que se imponen
a fuerza de injustos arcaísmos,
a fuerza de piedras de humillación y viento.
Todos hablan por mí sin mi palabra.
Todos balan por mí, como ovejas sin memoria.
Todos atan mi voz con muros de silencio.
¿Mi voluntad no existe?
¿No existe el espacio de mi onda de luz eterna?

Heme aquí, dispuesta hasta a dudar del tiempo,
asentada en la estrella de la verdad más absoluta.
Soy mujer y gitana...
y me siguen los aires de la noche y el día
y se prolongan en mí los cometas
y se acunan, a la par, los recuerdos y veredas.

Por eso, porque soy infinita,
porque salgo de un sueño sumergido,
porque escondo el fluir de las aguas y la tierra,
porque mi cabellera se funde con el viento...

Expongo, determino, impongo…
mi voluntad es el camino,
ajena a toda red de leyes y de espadas,
ajena a todas las majestades de brillos imitados,
ajena a todos los sistemas planetarios.

Soy mujer y gitana,
y detrás de mí late la vida del destino más hondo.
y delante de mí camina la libertad del orbe.
Porque nací libre,
sin amarras de princesas de cuentos.
Porque soy libre,
sin vestidos de lujo comprados sin esfuerzo.
Porque seré libre,
sin mariposas de papel y de versos.

Heme aquí,
semilla de un pasado que busca el arco iris,
lucerna de esperanza en la tormenta,
nacida para ser reflejo de los mares.

Heme aquí.
Soy mujer y gitana.

NOSTALGIA

Supongo que soy nostálgico,
que recuerdo la arena caliente de la playa
y la suave caricia de un resplandor,
entonces, ¡ay, entonces!, definitivo.
¡Cuántas veces contamos la historia
de nuestra propia vida
con la invisible esperanza de recrear lo imaginado!
Caen las viejas hojas de los olmos
en el pozo del tiempo inexorable
y nos asimos al ancla de lo inmortal .
¡Ilusos!
¡Cuántos esfuerzos para adaptar nuestros recuerdos
al presente!
¡Cuántas veces hemos transformado
la huida en un asalto!
¡Cuántas veces el susurro miedoso
lo vendemos como un grito valiente!
¡Cuántas veces un breve roce
se convierte en el abrazo más largo!
«¡Y entonces le dije...!»

Henchimos el pecho del orgullo infinito,
y en el fondo sabemos -o quizá ya ignoramos-
que no dijimos nada,
y que solo el silencio cobarde
retumbó aquella noche en una calle oscura.
La historia se diluye en la memoria de los otros.
Y así, nos damos cuenta,
de que la certeza de las cosas
va lavando la corteza del árbol de la vida.
Nuestra existencia no es más que una historia contada a los demás,
inventada a través de los años
hasta hacerla tan nuestra...
que nosotros somos los arcos fijados en la tierra,
infinitamente repetidos,
para engañarnos cada día con un nuevo amanecer inexistente...
Creamos la nostalgia de unos pasos no dados,
el anhelo de un tiempo que inventamos de nuevo
...para poder vivir, muriendo lentamente.

El abismo de la patera

El miedo es el padre de todos los dioses.
El miedo los ata a la tierra como escarabajos de la miseria.
El mundo no existe fuera de la bola de barro que rueda
inexorable.
Solo al actuar se manifiesta el mundo,
aparecen los brillos de las olas
teñidos de anhelante plata
dibujados delante de la patera.
La noche es solo el dios del miedo
rota por la luz de una sirena
que embriaga de salmos la penuria.
Escenarios de faros o de muertes,
de abismos o de fiestas,
se respiran entre las tablas desvencijadas del silencio.
¡El espolón del puerto o el olvido más hondo!
«¡El mundo está bien hecho!»,
gritan en la piedra,
sobre el mar
y en el cielo de una tierra esperada.

¡Han llegado!
Nos miran desde la soberbia de su juventud,
impulsados por el vértigo del triunfo,
y reciben el desprecio y el odio.
Pronto se resignan a la dominación.
Basta burlarse de su totem de mágica luna
o imitar su habla con gruñidos y ruidos de monos
o separarles como camadas de cachorros
para que se diluya la certeza de un futuro mejor.
Intentan mantener el orgullo del baobab
pero el leve mordisco de la jirafa altanera,
con perfil de moneda,
humilla su nuca
a cambio de una sonrisa,
de una mirada azul mar de nostalgia,
de una tregua en la soledad,
de un poco de silencio entre los gritos de sangre y de tormentas.
La realidad es un monstruo vestido con el hábito de un dios inútil,
                                        [impotente y dañino.
El miedo es el padre de todos los dioses.

El tiempo nos convoca

Para hacer el camino sin perdernos
ajustamos los hilos de Ariadna,
en los postes marcados por la luna,
con señales de fuego y de mañana.
Hemos pisado flores con espinas
y andado por encima de las aguas,
recorriendo los años con Teseo,
mil kilómetros de besos y de hazañas,
en este laberinto de la vida
que esconde la mentira en la palabra.
Desde un amanecer de flor eterna
hasta un sinfín de rosas y de espadas
sembramos cada día en un suspiro
el hondo renacer de una mirada.
Un inicio de fuego apasionado
serenóse en el dorso de la palma.
El tacto de la noche embravecida
fue silencio después, y se levanta
besando arena con olas de misterio,
dibujando el perfil entre tu playa.

Aquí llegamos, el tiempo nos convoca
a salvar las envidias traspasadas,
a mirar hacia el aire del futuro,
a subir piedra a piedra la montaña,
a bajar palmo a palmo los senderos
que van desde el amor de madrugada
hasta el sueño que envuelve cada noche
tu cansancio en mi mano delicada.
El tiempo nos convoca. Y aquí estamos,
dispuestos a partir con toda el alma,
abiertos a la lluvia y a la nieve
al calor, la tormenta y la bonanza.
No voy sin ti si tú no vas conmigo
¡Sembraremos los dos el mar del alba!

EL FINAL

Es el final, Silverio.
Míralo con detenimiento,
No hay vuelta atrás por mucho que te empeñes.
Te agarras a un pasado,
ahora ya, insondable.
Quieres seguir viviendo en esa luna
que envolvía los primeros besos
en un prado de caricias.
Calipso te tienta cada día
con un presente perpetuo de placeres
y un oasis de verdes primaveras...
Pero es un espejismo, Silverio.
¡Bien lo sabía Ulises!
El sueño de una droga alucinógena
siempre tiene un final amargo,
insatisfecho.
Inventar la fuente de la edad
es un engaño más,
el peor de todos.

El que uno se hace a sí mismo
convierte el despertar
en una noche eterna,
en un falso tiempo detenido.
Ulises, el astuto, lo pensó bien.
Cada momento de la vida tiene su razón
y las articulaciones lo pregonan
entre las arrugas y los silencios.
Dejó a Calipso porque la vida
aunque imperfecta, merece la pena.
Querer hacer inmortal lo que es efímero
es dibujar las nubes del otoño con lápices de colores.
Y las nubes nunca abrazan al tiempo.
Agárrate a tu danza, Silverio.
Sujeta con ahínco tu momento
y bebe de la fuente de la infancia...
en el recuerdo
Baila entre las luces del presente,
aunque la juventud se esfume
y Penélope se encarne
consistente,
entre las vagas voces infinitas.
Vive, desde el fondo de la tierra,
descubriendo en ti mismo
LOS DICTADOS DE LA NATURALEZA

ÍNDICE

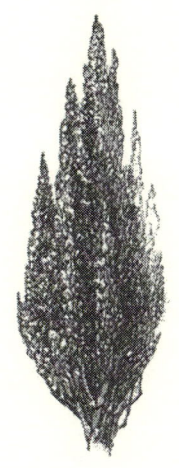

Dictados de naturaleza
de
Francisco Peña
se acabó de imprimir
el día 26 de Abril de 2024,
aniversario del nacimiento
de
Vicente Aleixandre